차가운 물속 나라
캄캄한 땅속 나라

글 이상배  그림 김명길

계림북스
kyelimbooks

 교과서로 만나요!

| 슬기로운 생활 | 1학년 1학기 | 5. 자연과 함께해요 |
| 과학 | 5학년 1학기 | 4. 작은 생물의 세계 |

푸른 나무를 받치고 있는 것은 무엇일까요?
캄캄한 땅속에는 무엇이 있을까요?
차가운 물속에는 누가 숨 쉬고 있을까요?

## 자연을 사랑하는 어린이들에게

지구의 땅 위, 땅속, 물속에는

수많은 생명체가 살고 있습니다.

땅 위에 사는 생명체는 우리가 늘 눈으로 보아 왔지만

땅속과 물속은 자세히 볼 수가 없습니다.

땅속은 그곳에 사는 동식물의 보금자리입니다.

땅 위에 살고 있는 동식물의 바탕이 되어 주기도 합니다.

물속도 마찬가지입니다.

둠벙 같은 작은 연못에도

갖가지 동식물이 치열하게 살아가고 있습니다.

**첫 번째 이야기**

뿌리의 모양과 하는 일     14

● 더 궁금해요!     34

**두 번째 이야기**

땅속 일꾼, 지렁이     40

● 더 궁금해요!     60

**세 번째 이야기**

작은 생태계, 둠벙     66

● 더 궁금해요!     86

첫 번째 이야기

## 뿌리의 모양과 하는 일

들에는 풀들이 많습니다.
작은 풀 한 포기를 뽑아 보세요.
"어, 왜 잘 안 뽑히지?"
뿌리 때문입니다.
뿌리는 흙 속으로 깊게 뻗어 있습니다.
뿌리와 땅속의 흙이 서로 꽉 붙잡고 있습니다.
흙은 뿌리의 고마운 친구입니다.
흙은 뿌리가 원하는 것을 다 줍니다.
뿌리는 흙 속의 영양분을 빨아들여
나무줄기로 보내고 수많은 잎에도 보냅니다.

꽃나무 가지를 꺾어 꽃병에 꽂았습니다.
꽃봉오리는 금세 피어났습니다.
"할아버지, 꽃이 피었어요!"
하지만 예쁜 꽃은 어느새 시들고 말았습니다.
"왜 꽃이 시들어 버렸을까요?"
"뿌리가 없어서 그렇단다."
할아버지가 말했습니다.
"뿌리가 꽃을 피우는 거예요?"
"암, 뿌리가 꽃을 피우지."

할아버지가 이야기를 들려주었습니다.
밭둑에 커다란 미루나무가 있었다고 합니다.

어느 날, 독수리 한 쌍이 나무 위로 날아왔습니다.
"이 나무가 좋겠군. 저기 윗가지에 집을 지읍시다."
독수리 부부는 나뭇가지를 물어다 집을 짓기 시작했습니다.
미루나무 밑 땅속에 살고 있는 들쥐가
그 모습을 보았습니다.

"안 돼요. 이 나무 위에 집을 지으면 큰일 나요."

"안 되다니? 이 나무가 네 나무니?"

"그게 아니라, 이 나무는 죽은 나무예요."

"이렇게 가지가 죽죽 뻗어 있는데 죽었다니, 말도 안 돼."

"가지는 멀쩡해도 뿌리가 거의 다 죽었어요."

"뿌리가 무슨 상관이니? 줄기만 튼튼하면 되지."

독수리 부부는 들쥐의 말을 듣지 않고 집을 지었습니다.

들쥐는 땅속 집으로 돌아와 한숨을 내쉬었습니다.
미루나무 뿌리는 말라 죽어서
물이나 영양분을 더 이상 빨아들이지 못하고 있었거든요.

독수리 부부는 집을 짓고 알을 품었습니다.
얼마 후, 귀여운 새끼들이 태어났습니다.
"독수리 님, 지금도 늦지 않았으니
빨리 둥지를 떠나세요."
들쥐는 아기 독수리들이 걱정되었습니다.
"땅속에 사는 네가 날짐승한테 이래라 저래라 하다니……."
독수리는 들쥐를 잡아먹을 듯이 화를 냈습니다.
"전 땅속에 살고 있으니까 뿌리가 썩은 것을 잘 알지요.
더 이상 나무를 떠받쳐 줄 힘이 없다고요."
들쥐가 소리쳤지만 독수리는 듣지 않았습니다.

다음 날, 거센 바람이 불고 비가 내렸습니다.
미루나무 가지가 마구 흔들렸습니다.
들쥐는 재빨리 땅 위로 올라왔습니다.
"앗, 위험해요!"
나무가 크게 휘청거리더니 밑동이 힘없이 꺾였습니다.
그 미루나무는 밭둑으로 쿵 넘어지고 말았습니다.

독수리 집은 납작하게 부서졌습니다.
새들이 웅성거리며 몰려왔습니다.
"왜 멀쩡한 나무가 쓰러졌대요?"
"글쎄, 뿌리가 썩었대요."
"아이고, 세상에! 그걸 왜 여태 몰랐을까요?"
"쯧쯧! 나무의 근본은 뿌리라는 걸 몰랐던 게죠."

땅속에는 '뿌리 나라'가 있습니다.

뿌리들이 사방으로 엉키어 뻗어 있습니다.

수염 같은 잔뿌리도 있고, 나뭇등걸처럼 굵은 뿌리도 있습니다.

서로 조금이라도 땅을 많이 차지하려고 뻗어 갑니다.

"저리 비키지 못해."

옆으로 넓게, 아래로 깊이깊이 뻗어 내립니다.

뿌리끼리 서로 엉키어 싸웁니다.

"못 비켜. 여긴 내 땅이야."

뿌리의 끝 부분은 상처투성이입니다.

어두운 땅속에서 잠시도 쉬지 않고 일합니다.

외딴집에 고욤나무 한 그루가 서 있습니다.
미루나무가 있던 자리에서 위쪽입니다.
고욤나무는 미루나무의 일을 생생하게 기억하고 있습니다.
"뿌리가 얼마나 소중한 것인지를 깨닫게 해 주었지."

가지가 말했습니다.
"하늘 보고 쭉쭉 자라는 줄기가
제일 잘난 줄 알았어."

"난 푸른 잎이 나무의 전부라고 뽐냈지."
잎들이 팔랑거리며 말했습니다.
"우리는 모두 다 열매를 위해 있는 줄 알았어."
붉게 물든 고욤 열매가 말했습니다.

나무는 뿌리와 줄기와 잎과 꽃이 한 몸이라는 것을
깨달았습니다.

고욤나무의 열매가 다 떨어졌습니다.
이파리 하나 남지 않았습니다.
"이제 벌거숭이가 되었네."
바람이 쌩 불어와 가지를 흔듭니다.
"아이고, 추워."
나무도 걸을 수 있다면 얼마나 좋을까요.
추울 때는 따뜻한 곳을 찾아갈 수 있으니까요.

하지만 나무는 평생 움직일 수 없는 붙박이입니다.
"얼어 죽을 것 같아."
가지들이 파르르 떱니다.
"걱정하지 마. 얼어 죽지는 않을 테니."
땅속에서 뿌리가 말합니다.
뿌리는 추운 겨울에도 쉬지 않고 일을 합니다.
저장한 영양분을 조금씩 줄기에 보내는 일입니다.

나무의 생김새가 다르듯이 뿌리의 생김새도 다릅니다.
수염뿌리는 수염처럼 가느다랗습니다.
강아지풀, 대나무, 붓꽃 들은 수염뿌리입니다.
곧은뿌리는 굵은 원뿌리에 여러 개의 곁뿌리가 나 있습니다.
봉숭아, 명아주, 강낭콩 들은 곧은뿌리입니다.

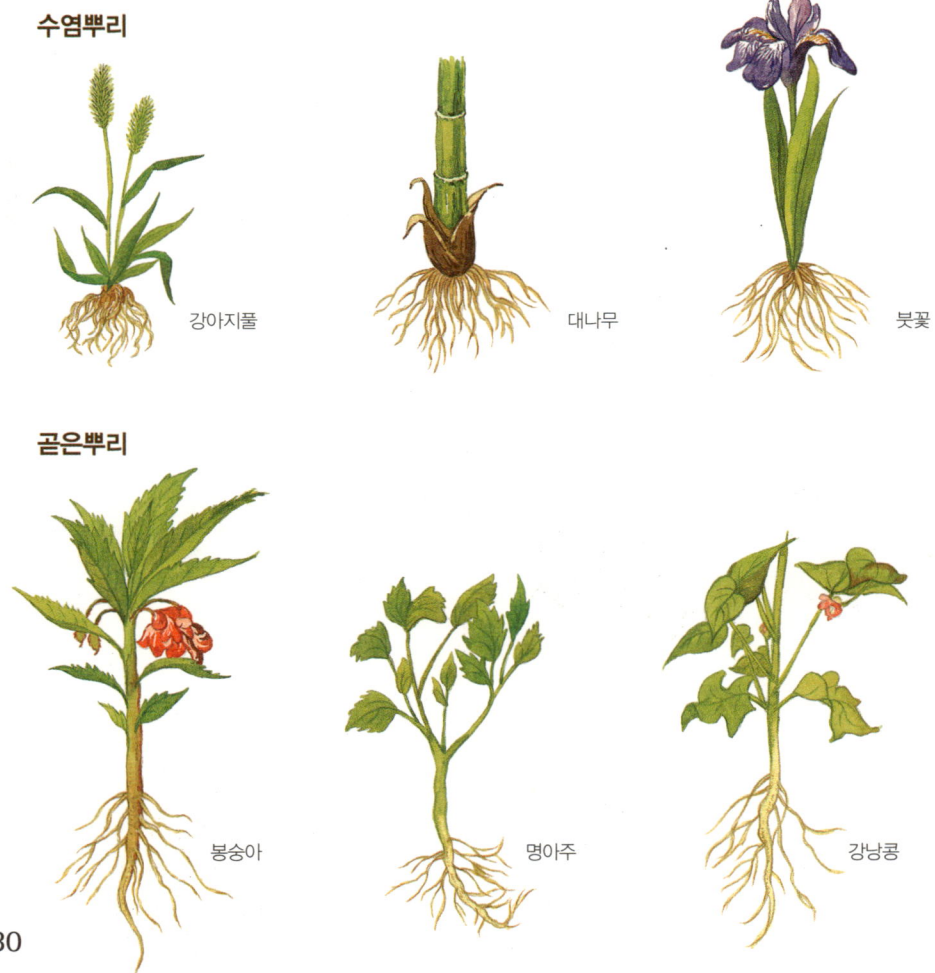

"뿌리는 어떻게 생겼을까?"
"정말 궁금해. 땅속에 있으니 볼 수가 없잖아."
아, 좋은 방법이 있어요!
뿌리의 생김새는 나뭇가지의 모양을 보면 알 수 있습니다.
두 발을 벌리고 고개를 숙여 나무를 쳐다보세요.
거꾸로 본 나무 모양. 그것이 뿌리의 생김새입니다.

꽃샘바람이 불어옵니다.
"아이, 간지러워!"
"물이 올라오고 있어."
고욤나무 가지들이 놀라 소리쳤습니다.
"뿌리가 겨울잠을 깨우는 거야."
"맞아. 봄이 오는 거야!"
땅속의 뿌리들은 벌써부터 전쟁이 시작되었습니다.
서로 흙을 붙들고 뿌리털을 움직입니다.
꼬물꼬물, 실룩실룩, 꿈틀꿈틀, 쑥쑥…….

"올해는 나이테를 더 굵게 돌려야 돼."
뿌리들은 벌써 줄기와 잎과 꽃을 생각합니다.

더 궁금해요!

# 뿌리가 없으면 어떻게 될까?

### 나무의 몸은 어떻게 이루어져 있을까요?

나무는 뿌리와 줄기, 잎과 꽃으로 이루어져 있습니다. 그중 뿌리는 땅속에 묻혀 보이지 않습니다. 그러나 식물이 바르게 자랄 수 있도록 지탱해 주고, 수분과 영양분을 공급하고, 저장하는 일을 합니다. 따라서 뿌리는 나무에게 없어서는 안 되는 아주 중요한 기관입니다.

**잎**
햇빛을 받아 양분을 만들어요. 엽록소가 있어서 푸른색이에요.

**꽃**
열매와 씨를 만들어서 종자를 널리 퍼뜨려요. 열매는 동물이 즐겨 먹는 먹이가 되요.

**줄기**
뿌리와 잎에서 만들어진 양분을 나무의 여러 부분으로 이동시키는 역할을 해요.

**뿌리**
나무가 땅에 버티고 설 수 있게 해 주며, 물과 양분을 빨아들여요.

### 뿌리는 어떻게 생겼을까요?

뿌리는 식물의 발이나 마찬가지입니다. 땅 위 줄기를 지탱해 주고, 수분과 양분을 빨아들여 공급해 주며 저장합니다.

식물의 굵고 곧은 뿌리를 '원뿌리'라고 합니다. 원뿌리에서 갈라진 작은 뿌리는 '곁뿌리'입니다.

'뿌리털'은 뿌리 끝 부분에 난 하얀 솜털 같은 것으로, 뿌리의 면적을 넓혀 흙 속에 있는 수분과 영양분을 빨아들이는 데 중요한 역할을 합니다.

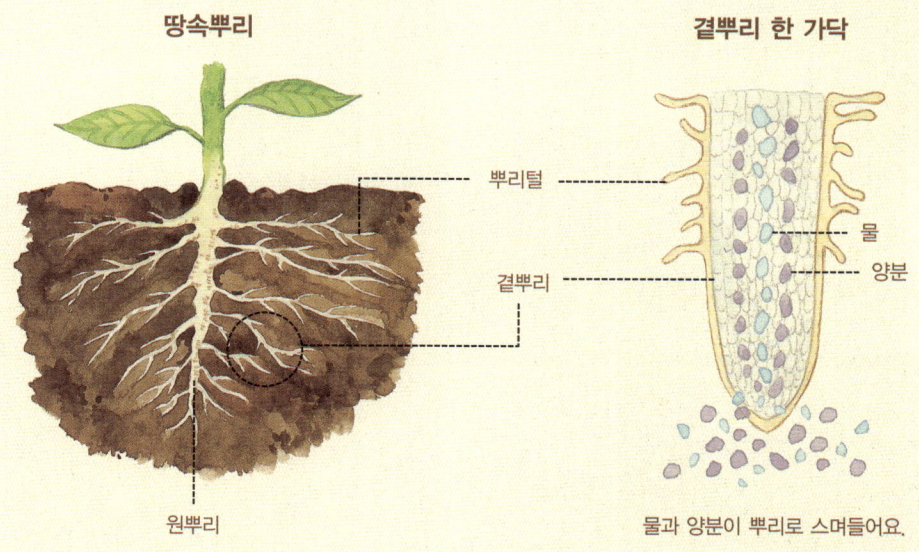

물과 양분이 뿌리로 스며들어요.

뿌리가 가장 고맙게 생각하는 것은 땅, 즉 흙입니다. 흙은 뿌리들이 마음껏 자리다툼을 할 수 있도록 보듬어 주고, 잡아 주고, 줄기와 잎에 왕성한 기운을 줍니다.

### 뿌리의 모양이 달라요

뿌리는 곧은뿌리와 수염뿌리가 있어요. 굵은 원뿌리와 주변의 가는 곁뿌리의 구분이 확실한 뿌리를 '곧은뿌리', 원뿌리와 곁뿌리의 구분 없이 가늘고 많은 뿌리가 수염처럼 나온 것을 '수염뿌리' 라고 합니다.

 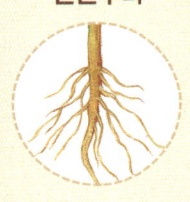 곧은뿌리

  수염뿌리

봉숭아     강아지풀

### 이런 뿌리도 있어요

**붙음뿌리**
담쟁이덩굴은 줄기에서 뿌리를 내어 바위나 나무 등 다른 물체에 달라붙는 붙음뿌리예요.

**저장뿌리**
당근은 영양분을 뿌리에 저장하는 저장뿌리예요. 무, 고구마 등도 이런 뿌리를 가졌어요.

**받침뿌리**
옥수수는 땅 위 줄기에서 뿌리가 나와 줄기를 튼튼하게 받쳐 주는 받침뿌리예요.

### 나는야 뿌리 깊은 나무

나무의 뿌리는 풀뿌리보다 훨씬 깊고 굵습니다. 땅 위 줄기와 땅속 뿌리의 양이 비슷하다고 보면 됩니다. 큰 미루나무가 한 그루 있다면, 우리 눈에 보이는 그 양만큼의 뿌리를 뻗고 있는 것입니다.

**미루나무**
미국에서 들어왔다고 하여 '미루'라는 이름이 붙었어요. 30m까지 곧게 자라는 큰키나무예요.

**굴참나무**
참나무 종류의 하나인 굴참나무는 가을에 도토리가 열려요. 예부터 나무껍질은 지붕을 이는 데 쓰였고, 코르크 마개 등을 만들어요.

**감나무**
감나무는 추위에 강한 과실나무로, 10m 이상 자라요. 6월에 옅은 노란색의 꽃이 피며, 가을에 열매가 주렁주렁 달려요. 고욤나무도 감나무과예요.

두 번째 이야기

## 땅속 일꾼, 지렁이

까마득히 먼 옛날, 땅은 뜨거운 바위였습니다.
"훅훅, 아 뜨거워!"
수십억 년 동안, 햇빛이 쬐었습니다.
바위에 틈이 생기며 갈라졌습니다.
쏴쏴, 바람이 불고 비가 내렸습니다.
우르릉 쾅쾅!
천둥, 번개가 치고 벼락이 떨어졌습니다.

뜨거운 바위가 식고, 쪼개지고, 부서졌습니다.
부서진 작은 알갱이가 바위를 덮었습니다.
나뭇잎이 떨어져 썩고 또 썩었습니다.
동물들이 죽어 썩은 것이 섞였습니다.
알갱이들은 서로 부드럽게 뭉쳐지고 축축해졌습니다.
마침내 '흙'이 되었습니다.

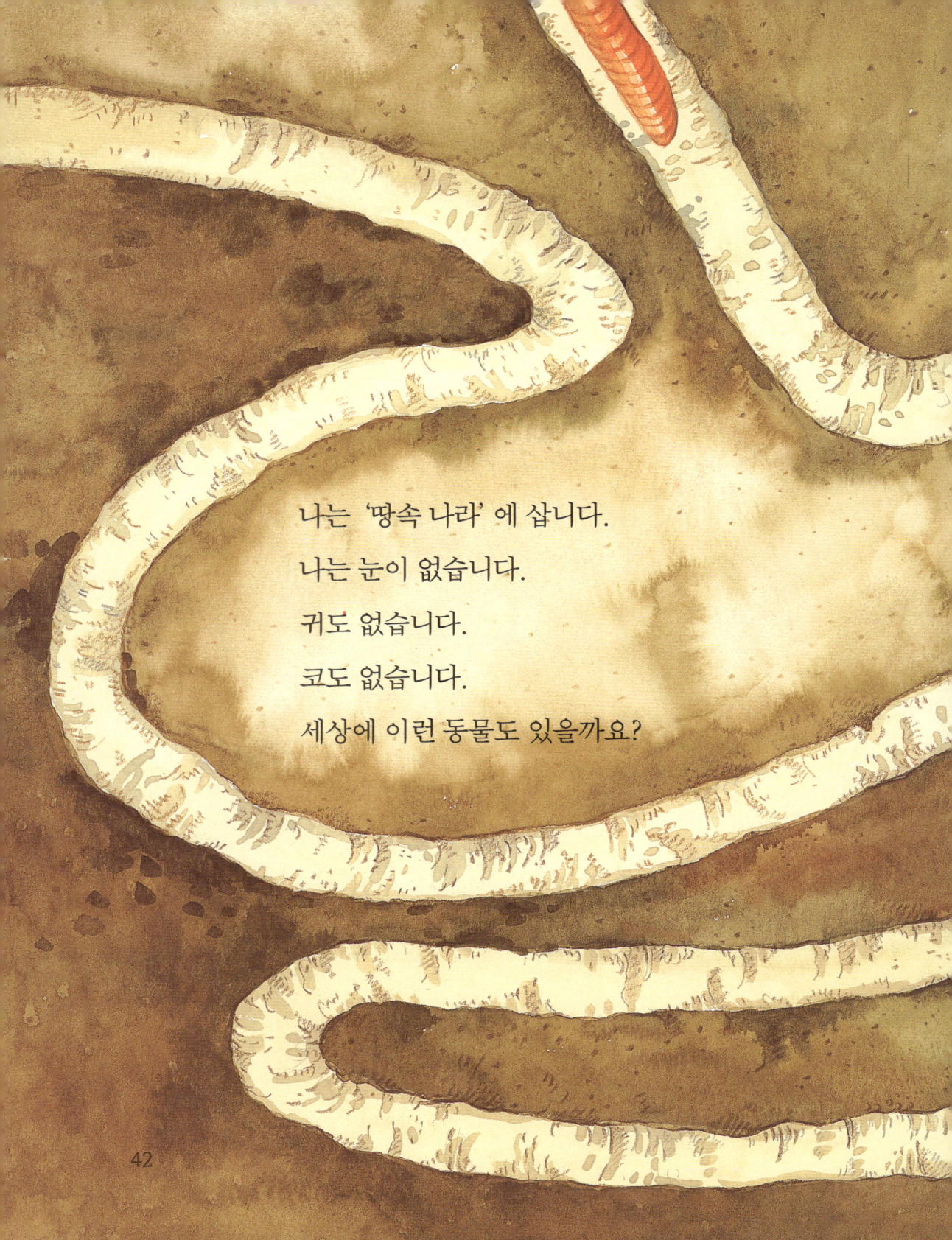

나는 '땅속 나라'에 삽니다.
나는 눈이 없습니다.
귀도 없습니다.
코도 없습니다.
세상에 이런 동물도 있을까요?

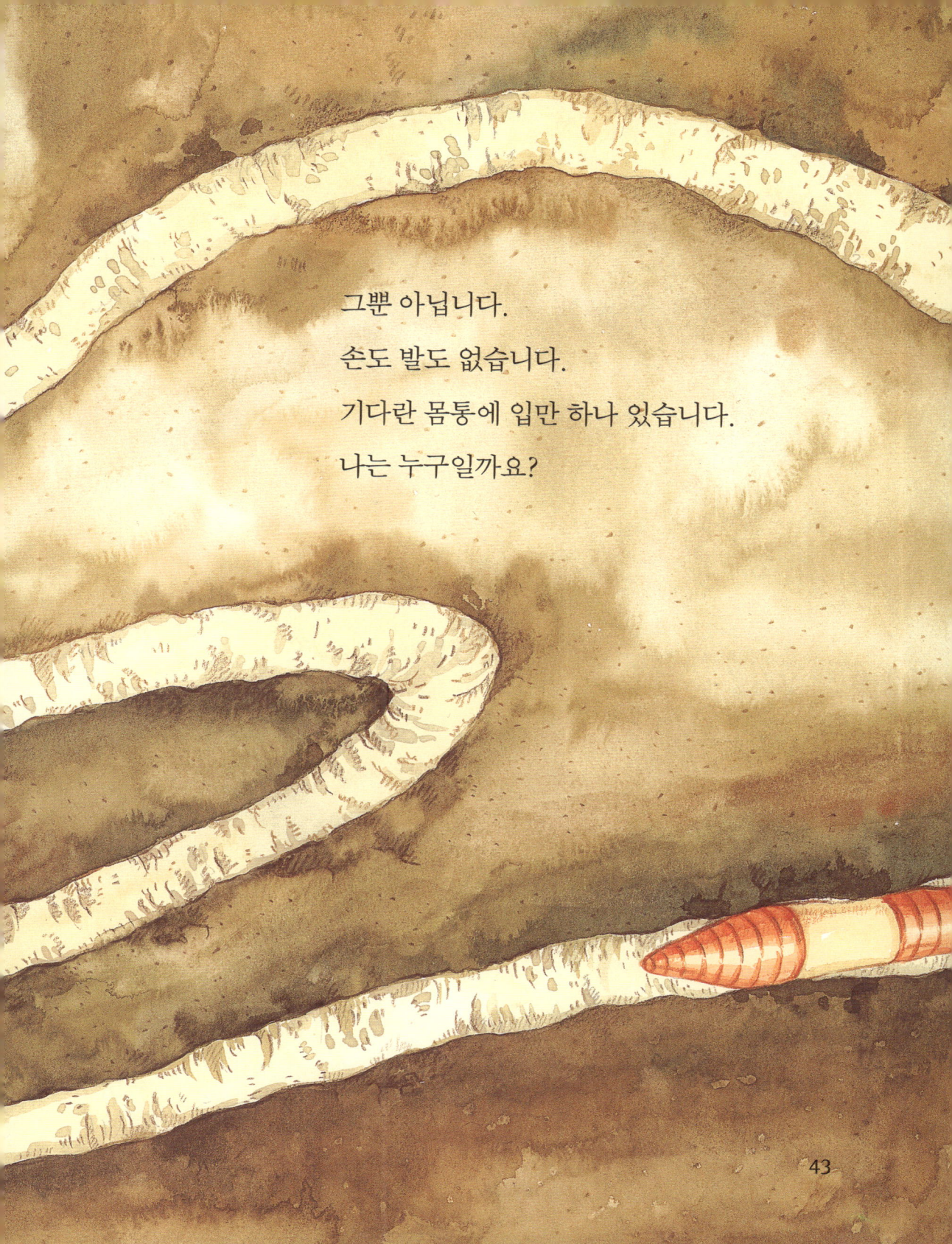

그뿐 아닙니다.
손도 발도 없습니다.
기다란 몸통에 입만 하나 있습니다.
나는 누구일까요?

나는 땅속 나라 거생이*입니다.
땅속에도 집을 짓고 바쁘게 사는 동물들이 많습니다.
굴을 파고, 길을 내고, 크고 작은 방을 만듭니다.
땅강아지, 두더지, 개미, 그리고 나 거생이는
땅속에 사는 친구들입니다.


아, 친구들이라고 서로 사이좋게 지내는 것은 아닙니다.
땅강아지는 거생이를 잡아먹고,
두더지는 거생이뿐 아니라 땅강아지도 잡아먹지요.
땅속에 사는 동물끼리 서로 잡아먹다니,
정말 끔찍하지요?
그럼 거생이는 무얼 먹고 살까요?


*거생이: 지렁이를 달리 부르는 이름.

거생이는 어두컴컴한 밥 속에서 살고 있습니다.
세상에서 밥이 가장 많은 동물은 거생이입니다.
평생 밥 걱정을 하지 않아도 됩니다.
거생이 밥이 무엇인지 궁금하지요?
"냠냠. 아, 맛있어!"
거생이가 밥을 먹습니다.
바로 흙입니다.
흙은 거생이의 맛있는 밥입니다.

거생이는 햇빛을 싫어합니다.
저녁이나 밤이 되면 땅속에서 기어 나옵니다.
"이제 슬슬 나가 볼까?"
거생이는 땅파기 선수입니다.
그럼 지렁이가 나온 땅속으로 들어가 볼까요?

땅속 나라는 굴로 만들어져 있습니다.
두더지는 삽처럼 생긴 앞다리로 굴을 팝니다.
"이번엔 길게 파야지."

땅강아지는 갈퀴처럼 생긴 앞다리로 굴을 팝니다.
개미들은 이리저리 미로처럼 복잡한 굴을 파 놓았습니다.
하지만 서로 굴이 얽히지 않게 조심해야 합니다.
누군가 먹이를 훔쳐 갈지도 모릅니다.
또 잠을 자고 있을 때 공격하면 어떻게 되겠어요?
땅 위에서 여러 동물들이 뛰고, 날고, 기어다니는 것처럼
땅속 나라 동물들도 쉴 새 없이 움직이고 있습니다.

거생이가 머리 쪽을 가늘게 만들어 겉흙을 뚫고 나왔습니다.
"영차, 영차!"
채소밭에는 먹을 것이 많습니다.
썩은 나뭇잎이나 채소 잎, 그리고 부식토가 있습니다.
부식토에는 온갖 찌꺼기들이 다 섞여 있습니다.

"사각사각, 쩝쩝!"

무슨 소리일까요?

거생이들이 밥 먹는 소리입니다.

언제 나왔는지 채소밭에는 거생이들 세상입니다.

한 마리, 두 마리, 세 마리……. 와, 백 마리도 넘습니다.

"큰일 났네. 채소 다 뜯어 먹겠네!"

배춧잎을 뜯어 먹던 달팽이가 걱정스럽게 말했습니다.

"우린 채소 안 먹어."

거생이의 말에 달팽이가 고개를 갸웃거렸습니다.

"채소가 얼마나 싱싱하고 맛있는데……."

"싱싱하니까 안 먹는 거야."
"그럼 넌 썩은 게 좋아?"
"응, 썩은 게 훨씬 맛있어."
지렁이는 온갖 썩은 것들을 흙과 함께 먹습니다.
길쭉한 몸이 금세 통통해졌습니다.
"아, 배불러. 끄윽."
지렁이는 먹으면서 똥을 쌌습니다.
가루처럼 잘게 부서진 똥이 무척 부드럽습니다.

지렁이들은 부지런히 움직였습니다.

채소밭에는 수많은 땅 구멍이 숭숭 뚫렸습니다.

"채소 뿌리가 다 상해서 죽게 생겼네."

달팽이는 또 걱정입니다.

"염려하지 마. 우리는 뿌리를 튼튼하게 해 주니까."

"저렇게 땅을 파헤치는데 어떻게 뿌리가 튼튼해지니?"

"구멍을 내 줘야 흙도 숨을 쉴 거 아냐."

"흙이 숨을 쉰다고?"

거생이들이 뚫어 놓은 땅 구멍으로 공기가 들어갑니다.
따뜻한 햇빛과 시원한 물도 들어갑니다.
"아, 시원해!"
흙도 숨을 쉽니다.
채소 뿌리나 나무 뿌리들도 숨을 쉽니다.

"지렁이 똥이다!"

"지렁이야, 고마워!"

지렁이들이 싸 놓은 똥에는 영양분이 많습니다.

채소와 풀, 나무들은 지렁이 똥 덕분에 무럭무럭 자랍니다.

"지렁이가 많으니 채소가 아주 잘 자라네."

농부는 지렁이가 고맙기만 합니다.

사람들은 거생이를 보잘것없는 동물로 여깁니다.
세상에서 가장 하찮은 것으로 여깁니다.

난 못생긴 거생이야
눈도 귀도 코도 없어
차갑고 어두운 땅속에서
땅을 파고, 흙을 먹고 살아

난 못생긴 거생이야
손도 발도 없어
몸 하나에 입이 하나
흙만 먹고 똥만 싸지

사람들이 땅 위를 저벅저벅 걸어갑니다.
"어, 천둥이 친다!"
땅강아지와 개미들이 놀라 몸을 움츠립니다.
아이들이 땅을 쿵쿵 구르며 장난합니다.
"으악, 벼락이다!"
거생이들이 놀라 까무러칩니다.

잠깐 발을 딛고 선 땅을 내려다보세요.
땅 밑에, 땅속에 동물들이 살아가고 있습니다.
땀을 뻘뻘 흘리며 집을 짓고, 먹이를 구하고,
알을 낳고, 새끼를 키우며 오순도순 재미있게 살지요.

 더 궁금해요!

# 발 밑에 땅속 나라가 있어요

### 좋은 땅을 만드는 고마운 지렁이

지렁이는 땅속에 사는 대표적인 동물입니다. 채소밭이나 두엄 더미를 파 보면 지렁이들이 셀 수 없이 많습니다.

지렁이들이 일군 땅속으로 공기와 물이 들어오고, 식물의 뿌리는 덕분에 튼튼하게 자랍니다. 또 지렁이는 땅에 떨어진 씨앗을 흙으로 덮어 주는 일도 한답니다. 지렁이가 흙을 먹고 싼 똥은 질 좋은 거름이 됩니다.

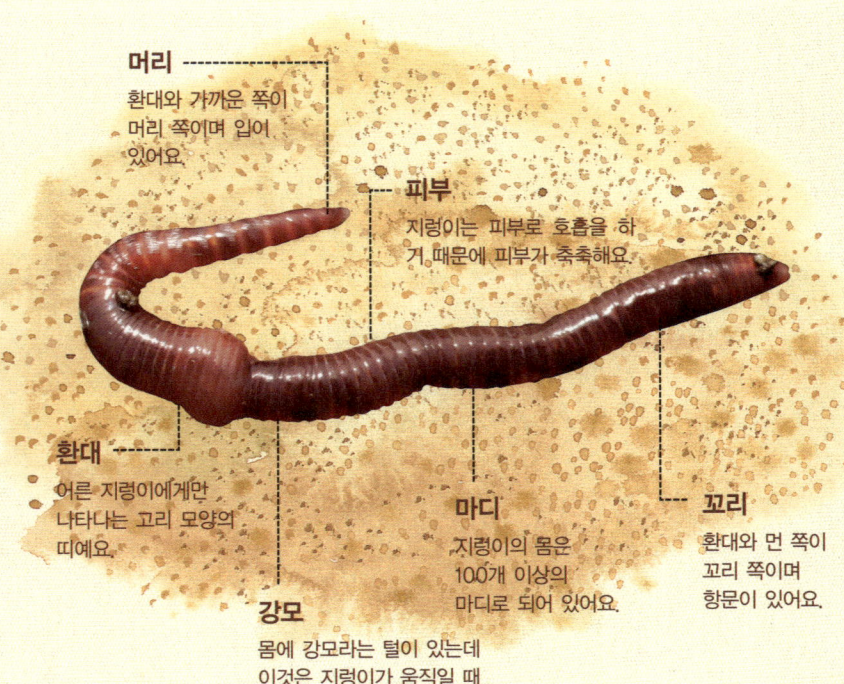

**머리** — 환대와 가까운 쪽이 머리 쪽이며 입이 있어요.

**피부** — 지렁이는 피부로 호흡을 하기 때문에 피부가 축축해요.

**환대** — 어른 지렁이에게만 나타나는 고리 모양의 띠예요.

**강모** — 몸에 강모라는 털이 있는데 이것은 지렁이가 움직일 때 다리 역할을 해요.

**마디** — 지렁이의 몸은 100개 이상의 마디로 되어 있어요.

**꼬리** — 환대와 먼 쪽이 꼬리 쪽이며 항문이 있어요.

### 생명체의 소중한 삶터, 땅

강이나 바다처럼 물이 있는 곳을 제외한 지구의 겉면을 '땅' 이라고 말합니다. 하지만 강이나 바다도 바탕은 땅입니다. 그러므로 땅은 사람뿐 아니라, 이 지구의 모든 생명체들이 살아가는 터전입니다.

땅은 여러 층으로 되어 있습니다. 땅의 가장 위쪽인 겉흙에는 수많은 동식물이 삽니다. 겉흙은 오랜 시간 동안 식물과 벌레들이 썩으면서 만들어진 부식토여서 영양분이 많기 때문입니다.

겉흙 밑에는 차례로 찰흙, 자갈, 모래층이 있고, 그 아래에는 바위와 돌로 된 암반층이 있습니다.

## 땅속에는 누가 살까요?

사람은 땅 위에서 생활합니다. 많은 동물과 곤충들도 땅 위에서 삽니다. 햇빛과 공기가 있고, 물이 있고, 온갖 자연의 혜택이 있기 때문입니다.

땅속은 차갑고 캄캄하고 공기도, 햇빛도, 물도 부족합니다. 하지만 어두운 땅속에도 동물들의 보금자리가 있습니다.

지렁이, 개미, 땅강아지, 지네, 두더지 등은 평생을 땅속에서 살아갑니다. 토끼, 들쥐, 오소리, 땅벌 등은 땅속에 집을 짓고 살며, 겨울에는 다람쥐, 뱀, 고슴도치 등이 땅속에 굴을 파고 겨울잠을 잡니다.

**개미의 집**
개미는 땅속에 여러 개의 방을 만들어 통로로 연결해요. 잠자는 방, 먹이 창고, 알 낳는 방이 따로 있어요.

**지네**
땅속에서 곤충과 거미를 잡아먹고 살아요. 긴 몸에 수십 개의 다리가 달려 있는데 맨 앞다리에 독이 있어요.

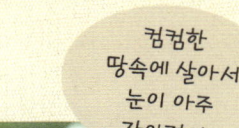

컴컴한 땅속에 살아서 눈이 아주 작아졌어.

**두더지**
두더지는 삽처럼 생긴 큰 앞다리로 밭두렁 같은 곳에 땅굴을 파고 살아요. 땅굴을 잽싸게 돌며 지렁이, 개미, 애벌레 등을 잡아먹지요.

"누가 날 불렀어? 우리 집에는 지금 아기가 잠자고 있어."

### 땅강아지
땅강아지는 단단한 갈퀴 모양의 앞다리로 땅을 잘 파요. 땅속에서 풀뿌리나 작은 곤충들을 먹고 살아요.

### 땅벌
땅벌은 땅속에 여러 층의 집을 짓고 사는 말벌 종류예요. 건드리지 않으면 쏘지 않지만, 잘못해서 벌집을 밟으면 매우 위험하답니다.

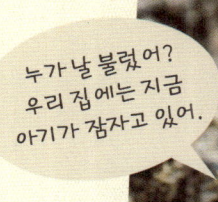

"빨리 먹이를 찾아서 아기들이 기다리는 땅속 집으로 가야지."

### 들쥐
들쥐는 산과 들에 살아요. 평소에는 땅 위를 다니지만 나무뿌리 밑에 땅굴을 만들어 새끼를 낳아 길러요.

### 매미
매미는 애벌레 상태로 땅속에서 5년을 넘게 살고 땅위로 올라와 껍질을 벗고 어른벌레가 되지요.

세 번째 이야기

## 작은 생태계, 둠벙

논가에 '둠벙'이 있습니다.
둑에는 방동사니, 부들, 여뀌, 강아지풀 등이 자라고,
물 위에는 개구리밥, 검정말, 물수세미 등이 떠 있습니다.
물속은 파랗습니다. 흰 구름도 잠겨 있습니다.
애소금쟁이가 긴 다리로 물 위를 달립니다.
잔잔하게 물 주름이 퍼졌습니다.

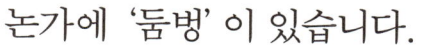

눈쟁이\*는 여럿이 몰려다닙니다.

작은 몸에 눈만 커서 붙여진 이름입니다.

잠시도 쉬지 않고 살랑살랑 꼬리를 흔듭니다.

물방개가 뽀르르 물방울을 만들며 헤엄칩니다.

물풀 사이에 알지게\*가 나타났습니다.

알을 등에 지고 다녀서 붙여진 이름입니다.

여기, 물송장\* 좀 보세요.

물속에서 벌렁 누워 헤엄을 치네요.

"어이, 넌 왜 누워서 헤엄을 치니?"

"내가 살아가는 방법이야."

"누워서 뭘 하는데?"

"조금이라도 빨리 먹이 사냥을 하려는 거야."

물송장은 평생을 누워서 지냅니다.

\*눈쟁이: 송사리를 달리 부르는 이름.
\*알지게: 물자라를 달리 부르는 이름.
\*물송장: 송장헤엄치게를 달리 부르는 이름.

둠벙은 조용하고 평화롭습니다.

논 주인밖에 찾아오는 사람이 없기 때문입니다.

저벅저벅 발자국 소리가 들립니다.

풀숲에 있던 개구리가 물속으로 뛰어들었습니다.

"첨벙."

물살이 거칠게 일었습니다.

"어, 무슨 일이야?"

게아재비가 소리쳤습니다.

게아재비는 다리가 가늘어 헤엄을 잘 못 칩니다.

늘 물풀 뒤에 숨어 지냅니다.

개구리는 힘차게 물을 가르며 헤엄칩니다.

땅에서는 멀리뛰기 선수이고, 물에서는 수영 선수입니다.

"개굴개굴."

큰 소리로 울어 댑니다.

"시끄러워. 조용히 못 해!"

물장군이 소리쳤습니다.

"개굴개굴개굴."

개구리는 물장군쯤 아랑곳하지 않습니다.

물장군은 화가 났습니다.

"배고프던 참에 너 잘 만났다."

물장군은 둠벙에서 사납기로 소문나 있습니다.

몸집도 크고, 앞다리는 낫처럼 생겼습니다.

물장군이 물살을 가르며 개구리에게 다가갔습니다.

개구리는 우느라 물장군이 가까이 다가온 것도 모릅니다.

"조용히 하라고!"

물장군이 앞다리로 개구리를 꽉 움켜쥐었습니다.

"아이고, 개, 개~구~리 살려."

날카로운 발톱에 잡힌 개구리는 두 다리를 허우적거립니다.

알지게, 물송장, 물방개, 물장군, 게아재비,
장구애비, 물맴이 모두들 먹이를 노리고 있었습니다.
숨어서 기다리고, 물장구 치는 척 속임수를 쓰다가
먹이를 찾으면 재빨리 공격하였습니다.
"내가 먼저 잡지 못하면 먹히는 거야."
"정신 바짝 차려야지."
조용하고 평화로운 줄 알았는데
이제 보니 둠벙은 숨막히는 싸움터였습니다.

둠벙 깊은 곳에는 누가 살고 있는지 들여다볼까요?

"와, 저기 큰 붕어다."

"아냐. 수염이 난 걸 보니 발갱이\*야."

붕어와 발갱이는 비슷하게 생겼습니다.

발갱이는 입 둘레에 두 쌍의 수염이 나 있습니다.

"수염은 내가 더 길지, 어험."

그때, 메기가 나타났습니다.

"수염이 제법 많이 나 있네."

위턱과 아래턱에 두 가닥씩 나 있습니다.

"이 수염으로 먹이를 찾고 맛도 본다고!"

\*발갱이: 잉어를 달리 부르는 이름.

어느 날, 조용하던 둠벙에 사람이 나타났습니다.

낚시꾼은 물가에 자리를 잡고 물속에 낚싯줄을 던졌습니다.

"어, 저게 뭐지?"

작은 참붕어가 재빨리 다가갔습니다.

"음, 고소한 냄새!"

맛있는 지렁이가 줄 끝에 달려 있습니다.

참붕어는 지렁이를 덥석 물었습니다.

그 순간, 줄이 팽팽해졌습니다.

참붕어가 비명을 지르며 온몸을 흔들었습니다.

참붕어는 물 밖으로 휙 채어 올라갔습니다.

"오, 제법 큰 놈인데!"

낚시꾼은 좋아하며 다시 바늘에 미끼를 달았습니다.

낚싯줄은 계속 던져졌습니다.
붕어, 발갱이, 미꾸라지, 메기는
기다렸다는 듯이 미끼를 물었습니다.
수없이 낚여 올라갔습니다.
"도대체 무슨 일이야?"
흙 속에 깊이 들어가 있던 뱀장어가 나왔습니다.
"큰일 났어요! 낚싯바늘이에요!"
뱀장어 입 앞으로 낚싯바늘이 내려왔습니다.
지렁이가 꼬물꼬물 버둥거리고 있습니다.

"고것 참 맛있겠는데!"
뱀장어는 침을 꿀꺽 삼켰습니다.
"먹으면 안 돼요!"
큰 붕어가 외쳤습니다.
"난 힘이 세니까 이깟 바늘쯤은 괜찮아."
뱀장어는 더 참지 못하고 지렁이를 물었습니다.
그 순간, 휙 소리와 함께
뱀장어는 물 밖으로 끌려 나갔습니다.

월척\*이라 불리는 큰 붕어가 물 위로 떠올랐습니다.

낚시꾼들이 빙 둘러앉아 있었습니다.

큰 붕어는 물속 물고기들을 모두 불러 모았습니다.

"미끼를 먹으면 죽어요. 먹고 싶어도 참아야 해요.

우리가 미끼를 먹지 않으면 저들도 지쳐서 돌아갈 거예요."

그 사이, 여기저기 낚싯줄이 내려왔습니다.

\***월척**: 낚은 물고기의 길이가 한 자(30.3cm)가 넘게 큰 것.
\***밑밥**: 물고기나 새가 모이게 하기 위하여 미끼로 던져 주는 먹이.

싱싱한 미끼가 달려 있었지만 고기들은 꾹 참았습니다.

"고기들이 그 사이에 약아졌군."

낚시꾼들은 밑밥*을 물속으로 던졌습니다.

고기가 모여들도록 꾀는 것입니다.

"밑밥이다! 밑밥만 먹도록 해요."

큰 붕어가 소리치자 물고기들은 허겁지겁 먹어 댔습니다.

둠벙은 한바탕 난리를 치렀습니다.
낚싯바늘에 채어 간 물고기가 셀 수 없었습니다.

둠벙은 물고기들의 삶의 터전입니다.
맑고, 먹이도 풍부하고, 알을 낳기 좋고,
살아가기에 알맞은 곳입니다.
"우리는 둠벙을 떠날 수 없어요. 모두 힘을 내요."
"우리는 우리 할 일을 합시다."
붕어가 힘차게 지느러미짓을 하며 말했습니다.

붕어와 발갱이는 물풀이 우거진 곳에 알을 낳았습니다.

메기는 밑바닥 돌 틈 사이로 가 알을 낳았습니다.

머지않아 알에서 깨어날 새끼들은

자기들이 나고 자란 둠벙을 버리지 않을 것입니다.

# 생명이 살아 숨 쉬는 둠벙

### 생명이 자라는 둠벙

시골에 가면 논 한 귀퉁이에 둠벙이 있는데, 작은 것은 '웅덩이', 큰 것은 '연못'이라고 합니다. 제법 큰 논은 거의 둠벙을 파는데, 이곳에 민물고기들이 살고 있습니다. 비록 강보다 좁은 공간이지만 물고기나 곤충들이 알을 낳고 새끼를 기르기에 아주 좋은 곳입니다.

예전에는 시골 아이들이 둠벙에서 낚시를 하고, 멱을 감기도 했습니다. 하지만 요즘 둠벙은 농약과 쓰레기로 몸살을 앓고 있습니다.

물가에 습지 식물들이 자라고 있어요.

낚시꾼들이 버리고 간 쓰레기는 둠벙을 오염시켜요.

### 둠벙에 사는 식물이 있어요

물속에 뿌리를 내리고 사는 식물도 있고, 잎과 줄기까지 물속에 잠겨 사는 식물도 있습니다.

물고기나 곤충은 이들 식물에 몸을 숨기기도 하고, 더위를 피하기도 하고, 줄기나 잎에 알을 낳기도 합니다.

**방동사니**
방동사니는 물을 좋아해 논둑이나 강가에서 잘 자라요. 우산살처럼 갈라져 꽃이삭을 피워요.

**여뀌**
논이나 냇가 같은 습지에서 많이 자라는 여뀌는 분홍빛이 도는 꽃이삭을 피워요.

**부들**
늪이나 물가에서 자라며 밑동이 진흙에 잠겨 있어요. 소시지 모양의 꽃이 피어요.

**개구리밥**
물속에 뿌리를 내린 채 물 위를 둥둥 떠다녀요. 개구리가 사는 곳에 많아요.

**검정말**
검정말은 온몸을 물속에 잠근 채 살아요. 물의 흐름에 따라 흐늘흐늘 춤을 추어요.

**물수세미**
깃털처럼 생긴 잎이 물속과 물 위에서 자라고 꽃도 피워요. 어항에 넣으면 물이 깨끗해져요.

## 둠벙에 가면 만날 수 있어요

**물장군**
물속에 사는 곤충 중에서 몸집이 가장 커요. 겉모습부터가 장군감이에요. 낫처럼 생긴 앞다리에 있는 날카로운 발톱으로 작은 물고기나 개구리를 잡아먹지요.

**게아재비**
가만히 물풀에 숨어 있다가 잽싸게 사냥하는 모습이 사마귀를 닮았다 하여 '물사마귀'라고도 해요. 몸이 가느다란 막대 모양이에요.

**물자라**
물자라는 아빠 사랑이 유난스러운 곤충이에요. 짝짓기 후 암컷은 수컷의 등에 알을 낳는데, 수컷은 알이 부화할 때까지 등에 지고 다니며 가끔 물 밖으로 나가 공기도 쐬어 주지요. 그래서 '알지게'라고도 불려요.

아가야, 아빠가 너를 지켜 줄게~

### 개구리

물속과 땅 위를 왔다갔다 하며 사는 양서류예요. 알에서 깨어나 올챙이 시절을 거쳐 개구리로 탈바꿈해요. '개굴개굴~' 부르는 노래는 짝짓기 때 암컷을 찾는 사랑의 노래예요.

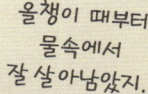
올챙이 때부터 물속에서 잘 살아남았지.

### 물방개

날개가 딱딱한 딱정벌레로, 죽은 물고기를 먹어 치워 물속 나라의 청소부 역할을 톡톡히 해요. 물방개의 다리는 배 젓는 노를 닮았는데 거기에 털까지 달려 있어서 물살을 크게 저으며 헤엄칠 수 있어요.

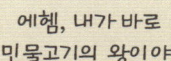
에헴, 내가 바로 민물고기의 왕이야

### 붕어와 잉어

붕어는 입가에 수염이 없지만, 잉어는 턱에 두 쌍의 수염이 있어 점잔을 빼는 것 같아요. 그리고 붕어가 몸이 짧고 통통한 몸매를 가졌다면, 잉어는 길쭉하고 홀쭉하지요.

지렁이는 어두운 땅속에서 흙을 파 올립니다.
뿌리도 어두운 땅속에서 물기를 빨아올립니다.
물속의 생명들은 물 밖으로 나온 적이 없지만
자신들의 보금자리를 탓하지 않습니다.

# 교과서 자연동화 10권, 교과서로 만나요!

## 01

| 슬기로운 생활 | 1학년 2학기 | 6. 우리의 겨울맞이 |
| 과학 | 3학년 1학기 | 3. 동물의 한살이 |
| | 4학년 1학기 | 3. 식물의 한살이 |

## 02

| 슬기로운 생활 | 1학년 1학기 | 5. 자연과 함께해요 |
| 과학 | 5학년 1학기 | 4. 작은 생물의 세계 |

## 03

| 슬기로운 생활 | 1학년 1학기 | 5. 자연과 함께해요 |
| 과학 | 3학년 2학기 | 2. 동물의 세계 |
| | 4학년 2학기 | 1. 식물의 세계 |
| | 5학년 1학기 | 3. 식물의 구조와 기능 |

## 04

| 슬기로운 생활 | 1학년 2학기 | 4. 가을의 산과 들 |
| 과학 | 3학년 1학기 | 3. 동물의 한살이 |
| | 4학년 1학기 | 3. 식물의 한살이 |
| | 4학년 2학기 | 1. 식물의 세계 |
| | 5학년 1학기 | 3. 식물의 구조와 기능 |

## 05

| 슬기로운 생활 | 2학년 1학기 | 7. 동물과 식물은 내 친구 |
| 과학 | 5학년 1학기 | 3. 식물의 구조와 기능 |
| | | 4. 작은 생물의 세계 |

### 06

| 슬기로운 생활 | 1학년 1학기 | 2. 봄이 왔어요 / 5. 자연과 함께해요 |
|---|---|---|
| 과학 | 3학년 1학기 | 3. 동물의 한살이 |
| | 4학년 1학기 | 3. 식물의 한살이 |
| | 5학년 1학기 | 4. 작은 생물의 세계 |
| | 6학년 1학기 | 4. 생태계와 환경 |

### 07

| 과학 | 3학년 2학기 | 2. 동물의 세계 |
|---|---|---|
| | 5학년 1학기 | 3. 식물의 구조와 기능 |
| | | 4. 작은 생물의 세계 |

### 08

| 과학 | 3학년 1학기 | 3. 동물의 한살이 |
|---|---|---|
| | 3학년 2학기 | 2. 동물의 세계 |
| | 4학년 1학기 | 3. 식물의 한살이 |

### 09

| 슬기로운 생활 | 2학년 2학기 | 1. 낮과 밤이 달라요 |
|---|---|---|
| 과학 | 6학년 1학기 | 4. 생태계와 환경 |

### 10

| 과학 | 3학년 2학기 | 2. 동물의 세계 |
|---|---|---|
| | 4학년 2학기 | 1. 식물의 세계 |

글 · 이상배

충북 괴산의 산골 마을에서 태어났습니다.
어린 시절부터 산과 들판을 뛰어다니며 자연과 함께 하나가 되던 때를 그리워하며 글을 쓰고 있습니다.
연못가에서 잠자리를 잡던 일이며, 소 꼴을 먹이던 일을 돌아보면서
자연보다 더 훌륭한 스승은 없다는 것을 늘 깨닫고 있습니다.
월간문학 신인상에 〈엄마 열목어〉가 당선된 것을 시작으로 지금까지 〈꽃이 꾸는 나비꿈〉,
〈옛날에 울아버지가〉, 〈도깨비 아부지〉, 〈아리랑〉, 〈별이 된 오쟁이〉, 〈아름다운 둥지〉,
〈책 읽는 도깨비〉 등 여러 작품을 썼습니다.
대한민국문학상, 한국아동문학상, 이주홍문학상, 김동리문학상, 한국동화문학상 등을 받았습니다.

그림 · 김명길

성신여자대학교에서 서양화를 공부하고 지금껏 어린이 그림책에 그림을 그리고 있습니다.
모든 생명체가 서로의 자리를 존중하며, 어우러져 살아가는 모습이 되길 바라는 마음을 갖고 있습니다.
그린 책으로는 〈밤섬이 있어요〉, 〈개구리논으로 오세요〉, 〈선생님, 바보 의사 선생님〉,
〈꽃씨 할아버지 우장춘〉 등이 있습니다.

개정판 1쇄 인쇄  2011년 11월 25일
개정판 1쇄 발행  2011년 12월 7일

글 이상배  그림 김명길
펴낸이 오형석
편집이사 박춘옥
편집책임 권주원  편집진행 김유진, 김하나, 김주미
디자인책임 조기연
제작책임 고강석
사진 신응섭, 시몽포토에이전시, 엔사이버, 크레온, 고기사랑
펴낸곳 (주)계림북스  등록 제300-2007-55호(2000. 5. 22)
주소 서울시 종로구 평동 13-68
전화 (02)739-0121(대표)  팩스 (02)722-7035
홈페이지 www.kyelimbook.com

이 책에 실린 글과 그림의 무단 전재나 복제를 금합니다.
ⓒ이상배, 계림북스 2011

ISBN 978-89-533-1438-2 74400
      978-89-533-1436-8(세트)